Inhalt

Wimax

Kernthesen

Beitrag

Fallbeispiele

Weiterführende Literatur

Impressum

GENIOS WirtschaftsWissen Nr. 07/2004 vom 06.07.2004

Wimax

M. Westphal

Kernthesen

- Wimax ist ein neuer Standard für drahtlose Datenübertragung.
- Die im Vergleich zu Wireless LAN deutlich größere Reichweite und im Vergleich zu UMTS höhere Übertragungsrate, erschließt neue Anwendungsfelder.
- Kritiker schätzen, dass die serienreife Einführung zu spät kommen wird, um ein echter Markterfolg zu werden.
- Die Standardisierung ist eines der wesentlichen Assets der Wimax-Technologie.

Beitrag

Wimax ist ein neuer Standard für drahtlose Datenkommunikation

Der alphanumerische "Dschungel-Code" 802.11a bis 802.11g ist als Kürzel für die Wireless LAN-Technologie (WLAN) inzwischen jedermann bekannt. Nun kann man sich mit neuen Kürzeln versorgen. Die Kombinationen 802.16 werden ganze Regionen mit schnellem drahtlosem Internet versorgen.
Dieser als Wimax (Worldwide Interoperability for Microwave Access) bekannte Standard wird der zukünftige Ferrari unter den Funkstandards sein. Es ist 180-mal schneller als UMTS! Die verhältnismäßig günstigen Funkantennen decken Landstriche zu deutlich verringerten Kosten ab, als es im Rahmen der Mobilfunktechnologie möglich ist.

Dieser Standard soll die Errichtung breitbandiger Funkverbindungen bis zu 50 km ermöglichen (Point-to-Point oder Point-to-Multipoint). So können Haushalte, die aufgrund ihrer Lage bisher nicht in den Genuss von Kabelanschluss oder DSL kommen, schnell und billig Zugang zu Breitbandnetzen bekommen.
Die hohen Übetragungsraten, von im Endstadium erwarteten 134 Megabit pro Sekunde, werden, verglichen zum WLAN-Standard durch ein breiteres genutztes Frequenzband von insgesamt 20 Megahertz

erreicht. Damit wird eine deutlich höhere Übertragungsrate als beim UMTS-Standard ermöglicht.

Dieser neue Standard wurde 2003 vom Wimax-Konsortium beschlossen. Wimax als eine Art Super-WLAN hängt DSL und GPRS ab. Für das Versenden einer 70 Megabyte großen Datei benötigt per Wimax rein rechnerisch nur acht Sekunden. Mit GPRS würde dieser Vorgang etwa drei Stunden dauern. (1)

Die Basisstationen benötigen größere Sender als bei WLAN-Technologie, sind aber deutlich kleiner und günstiger als beim Mobilfunk. So schätzen Experten, dass diese Stationen einmal etwa 10 000 US-Dollar kosten werden. (1)

Zum einen kann der Endnutzer direkt drahtlos mit Daten versorgt werden, Wimax-Technologie eignet sich aber genauso als drahtloser Backbone für WLANs, der Datenraten von bis zu 70 Megabit pro Sekunde auf eine Entfernung von bis zu 50 Kilometer ermöglicht. (2)

Erste Lösungen gibt es bereits in der Variante 802.16a, die mit bis zu 70 Megabit pro Sekunde aufwartet. Allerdings bieten bisher nur einige Exoten entsprechende Geräte an, da es noch Interoperabilitätsprobleme gibt und auch noch ein hohes Preisniveau vorherrscht.

Typische Einsatzgebiete für Wimax

Drei typische Einsatzgebiete sind für die Wimax-Technologie zu erwarten:
- Märkte, in denen sich der Bandbreitenbedarf schnell entwickelt, aber keine Telefon-Kupferkabel-Infrastruktur vorhanden ist
- Ländliche Gebiete, in denen DSL für die Carrier zu teuer ist, können durch Wimax eine geeignete Alternative erhalten, da die Verknüpfung via Satellit sich aufgrund der Telefonleitung als Rückkanal nicht rechnet
- Internet-Service-Provider, denen die Kosten einer Teilnehmeranschlussleitung der Deutschen Telekom zu hoch sind, um die eigenen Dienste wirtschaftlich zu offerieren, können mit dieser Wimax-Technologie eine alternative Option bekommen

Grenzen der Wimax-Technologie

Aufgrund der hohen genutzten Frequenzen sind die Wimax-Funkwellen allerdings nicht in der Lage, massive Mauern zu durchdringen. So wird Wimax wohl kaum die WLAN-Technik substituieren, sondern eben ausschließlich komplementieren.

Kritiker von Wimax sehen diese Technologie positioniert als Alternative zu DSL und Kabelmodem. Hierfür käme aber ein zu erwartender Massen-Roll-Out in 2006 zu spät. Zu diesem Zeitpunkt haben die meisten Haushalte bereits einen breitbandigen Anschluss und damit keinen Bedarf mehr an Wimax. Protagonisten dagegen sehen Wimax nicht als Substitution für Kabelmodems, Mobilfunknetze oder DSL, sondern als komplementären Dienst, der unterwegs genutzt werde. (3)

Für die einfache Heimvernetzung ist Wimax (noch) zu teuer und technisch auch noch nicht genügend ausgereift. Aber die sich durchsetzende Sprachkommunikation via Internet-Protokoll (Voice over IP) führt dazu, dass sich diese Funktechnik zu einer UMTS-Alternative entwickelt. Im Idealfall verlieren die verschiedenen Techniken im Laufe der Zeit an Bedeutung, die Nutzer beziehen einen allgemeingültigen Dienst "Breitband", der sich gegebenenfalls aus WLAN, UMTS/GPRS sowie Wimax zusammensetzt. (4)

Standardisierung als wesentliches

Asset der Wimax-Technologie

Auf dem diesjährigen Broadband World Forum stellte Broadband Wireless Access (BWA) ein Kernthema dar.
Die nächste Stufe des BWA wird durch Wimax anvisiert. Der größte Vorteil von Wimax gegenüber herkömmlichen BWA-Technologien wie etwa Richtfunk, liegt aus Sicht von Experten in seiner Standardisierung.
Analog den Bestrebungen des Wi-Fi-Konsortiums im Rahmen der WLAN-Standardisierungen, setzt sich das Wimax-Forum für die Interoperabilität der Produkte der verschiedenen Hersteller ein. (2)
In diesem Wimax-Forum haben sich bereits mehr als 200 Technologieunternehmen zusammengeschlossen, um die nötigen technischen Standards zu entwickeln und abzustimmen.

Fallbeispiele

Südkorea ist das Land mit der höchsten Durchdringung bei Breitband-Infrastruktur und diensten. Der Minister für Kommunikation und Information will sein Land zum Pionier des Wireless

Broadband Internet machen. Dazu wird Südkorea großflächig mit Hotspots versorgt, deren Reichweite und Übertragungsgeschwindigkeiten weit über den Standards der heutigen WLANs liegen sollen. Damit soll der Aktionsradius der Konsumenten über Festnetzanschlüsse und kleine Hotspots ausgeweitet werden. Die Vision besteht in einem uneingeschränkten Informations- und Kommunikationskonsum überall und jederzeit, wozu nur noch die Lücke zwischen Festnetz, Mobilfunk und WLAN geschlossen werden muss. Denn trotz der hohen Dichte an Breitbandanschlüssen und der großen Zahl von Mobilfunkteilnehmern beklagen die Netzbetreiber und Service-Provider sinkende Umsätze. Marktsättigung zeichnet sich ab und ein harter Wettbewerb herrscht auf dem Markt.
Um so schnell wie möglich diese Vision zu verwirklichen, wartet man nicht erst auf die serienreife Realisierung von Wimax im nächsten Jahr. Die Behörden haben bereits das erforderliche Frequenzspektrum reserviert und die Entwickler beauftragt, loszulegen. Auftretende Abweichungen zum internationalen Wimax-Standard sollen dann später nachgebessert werden. (5)

Die Deutsche Telekom möchte noch möglichst lange an ihrem Kupfernetz festhalten, um den Sparkurs fortzuführen. Aber der Carrier hat auch Wimax im Blick und führt bereits Tests mit diesem breitbandigen Funkstandard durch. (5)

Vermittlungsstellen können im Schnitt nur rund 80 Prozent aller Teilnehmer per DSL mit Bandbreiten von bis zu vier Megabit pro Sekunde versorgen. Wimax wird nach Ansicht von Experten die ideale Alternative für das verbleibende Fünftel darstellen. (9)

Das ehemals totgesagte Wireless Local Loop (WLL) kommt durch die Hintertüre als Wimax wieder. Der britische Netzbetreiber PCCW nimmt im Sommer in London einen Soft Launch der Wimax-Technik vor. Versatel experimentiert im niederländischen Amersfoort mit einem Wireless Broadband-IP-Telefonieservice.

Der von Ex-Alcatel-Ingenieuren gegründete Startup Sequans will Nutzer-Equipment für Wimax anbieten, welches keine 50 US-Dollar kosten soll. Neben dem Access, soll der System-on-Chip von Sequans auch für Basisstationen tauglich sein, wobei eine Verbindung auf weniger als 20 US-Dollar kommen soll. (7)

Erste Netze laufen in der chinesischen 10-Millionen-Metropole Changdu sowie in London. Auch auf dem Empire State Building in Manhattan thront bereits eine Wimax-Antenne. (10)

Die Unternehmensberatung A.T. Kearney prophezeit der UMTS-Datenkarte eine endliche Nutzungsdauer von vielleicht drei bis fünf Jahren. (10)

Weiterführende Literatur

(1) Thierbach, Dieter, Wimax, Der nächste Wettbewerb, Neuer Funktechnik Standard macht bald viele Netze überflüssig, Süddeutsche Zeitung, 27.04.2004, S. V2/15
aus iX - Magazin für professionelle Informationstechnik, 6/2004, S. 20

(2) Ethernet macht sich in Zugangs- und Kernnetzen breit – Alcatel bohrt die DSL-Technik auf Der Breitbandzugriff braucht schon bald kein Kabel mehr
aus Computer Zeitung, Heft 21, 2004, S. 15

(3) Nach Analystenkritik Hersteller werben für Wimax-Potenzial
aus Computerwoche, 11.06.2004, Nr. 24, S. 19

(4) Öffentliche Funknetze: Von der Mikro-Welle zum Hype und wieder zurück Am WLAN-Hotspot die Finger verbrannt
aus Computerwoche, 02.07.2004, Nr. 27, S. 26-27

(5) Asien arbeitet am Netz der Zukunft Breitband-Internet: Südkorea hängt Europa ab
aus Computerwoche, 14.05.2004, Nr. 20, S. 10-11

(6) O. V., UMTS, Kaum Chancen auf gute Geschäfte, Spiegel Online, 09.06.2004
aus Computerwoche, 14.05.2004, Nr. 20, S. 10-11

(7) Preiskampf bei Wimax startet
aus Computer Zeitung, Heft 24, 2004, S. 4

(8) Telekom-Ausrüster wittern Morgenluft Investitionen in Infrastruktur nehmen erstmals wieder zu - Konsolidierung erwartet - Kurse eilen voraus
aus Börsen-Zeitung, 26.06.2004, Nummer 121, Seite 11

(9) Siemens-ICN präsentiert mit koreanischem Partner seine Metro-Ethernet-Lösungen Broadband-World-Forum zeigt die Zukunft der Access-Technik
aus Computer Zeitung, Heft 20, 2004, S. 2

(10) Telekommunikation Spitzer Angriff
aus FOCUS-MONEY, 24.06.2004, Ausgabe 27, S. 022-023

Impressum

Wimax

Bibliografische Information der deutschen Nationalbibliothek

Die Deutsche Nationalbibliothek verzeichnet diese Publikation in der deutschen Nationalbibliografie; detaillierte bibliografische Daten sind im Internet über http://dnb.d-nb.de abrufbar.

ISBN: 978-3-7379-0294-6

© 2015 GBI-Genios Deutsche Wirtschaftsdatenbank GmbH, Freischützstraße 96, 81927 München, www.genios.de

Alle Rechte vorbehalten. Dieses Werk ist einschließlich aller seiner Teile – z.B. Texte, Tabellen und Grafiken - urheberrechtlich geschützt. Jede Verwertung außerhalb der Grenzen des Urheberrechtsgesetzes bedarf der vorherigen Zustimmung des Verlags. Dies gilt insbesondere auch für auszugsweise Nachdrucke, fotomechanische Vervielfältigungen (Fotokopie/Mikroskopie), Übersetzungen, Auswertungen durch Datenbanken oder ähnliche Einrichtungen und die Einspeicherung und Verarbeitung in elektronischen Systemen.